课程标准编委会

本课程标准编委会

医学 · 教育康复行业课程标准与实施指南

儿童语言康复课程标准

华东师范大学中国言语听觉康复科学与 ICF 应用研究院
华东师范大学康复科学系（听力与言语康复学专业、教育康复学专业）
中国教育技术协会教育康复专业委员会
中国残疾人康复协会语言障碍康复专业委员会
中国优生优育协会儿童脑潜能开发专业委员会
组织编写

南京师范大学出版社
NANJING NORMAL UNIVERSITY PRESS

图书在版编目（CIP）数据

儿童语言康复课程标准 / 华东师范大学中国言语听觉康复科学与 ICF 应用研究院等组织编写 . — 南京：南京师范大学出版社，2020.8

（医学 · 教育康复行业课程标准与实施指南）

ISBN 978-7-5651-4473-8

Ⅰ . ①儿… Ⅱ . ①华… Ⅲ . ①语言障碍—儿童—教育康复—课程标准 Ⅳ . ① G762.2

中国版本图书馆 CIP 数据核字 (2020) 第 020254 号

书　　名　儿童语言康复课程标准
丛 书 名　医学 · 教育康复行业课程标准与实施指南
作　　者　华东师范大学中国言语听觉康复科学与 ICF 应用研究院
　　　　　华东师范大学康复科学系（听力与言语康复学专业、教育康复学专业）
　　　　　中国教育技术协会教育康复专业委员会
　　　　　中国残疾人康复协会语言障碍康复专业委员会
　　　　　中国优生优育协会儿童脑潜能开发专业委员会
责任编辑　项雷达
出版发行　南京师范大学出版社
地　　址　江苏省南京市玄武区后宰门西村 9 号（邮编：210016）
电　　话　（025）83598919（总编办）　83598412（营销部）　83373872（邮购部）
网　　址　http://press.njnu.edu.cn
电子信箱　nspzbb@njnu.edu.cn
照　　排　南京凯建文化发展有限公司
印　　刷　南京玉河印刷厂
开　　本　880 毫米 ×1230 毫米　1/32
印　　张　2.25
字　　数　63 千
版　　次　2020 年 8 月第 1 版　2020 年 8 月第 1 次印刷
书　　号　ISBN 978-7-5651-4473-8
定　　价　14.00 元

出 版 人　张志刚

序

残疾人事业是中国特色社会主义事业的重要组成部分。关注残疾人的康复与教育问题，改善残疾人的生存生活状况，促进残疾人事业的发展，已成为全面建设小康社会和构建社会主义和谐社会一项重要而紧迫的任务。

我国第二次残疾人口抽样调查的数据表明，全国现有残疾人口 8 296 万，占我国总人口的 6.34%，涉及 2.4 亿人口家庭，有 400 万残疾儿童需要接受医疗、康复和教育。这些年来，我国的医疗卫生、特殊教育、民政、残联等机构和部门的残疾儿童康复与教育工作也取得了显著成效；但我国残疾人事业基础还较薄弱，残疾人社会保障政策措施尚不够完善，残疾人在基本生活、医疗卫生、康复、教育、就业、社会参与等方面还存在许多困难，他们的总体生活状况与社会平均水平之间仍存在较大差距。残疾人仍然是社会中一个特殊的弱势群体，他们多数仍然生活在社会的底层，离平等参与社会生活、共享人类文明成果的目标还甚远。

本世纪初，随着社会康复需求的不断增加，我们立足国际最先进的理念与国内发达地区最早的社会需求，萌生建立中国的教育康复学的念想。客观讲，我国的残疾儿童的医疗康复服务主要由医院、康复机构承担，教育主要由学前教育机构、特殊教育学校提供。近些年来，学界和政府有关部门开始关注这种康复与教育分离的模式能否真正满足残疾儿童的发展与成长需求。随着医教结合、综合康复理念在我国医学康复、教育康复领域渐成共识，医学・教育康复由此应运而生，医学・教育康复行业课程标准与实施指南的制定亦进入专家学者们的研究视野。

医学·教育康复是研究如何为兼具康复与教育双重需求的特殊需要儿童提供系统、科学的技术支持与同步服务的学科。我们组织教育、医疗、康复学界众多专家学者组建课题攻关团队，以若干国家、省（市）部级重大重点课题及前期成果为支撑，经过不懈努力，2013年经教育部批准，华东师范大学在全国率先成立教育康复学专业。教育康复学专业的诞生，既填补了我国高等院校相关学科的空白，同时又对我国特殊教育、听力和言语康复、康复治疗的科学发展，对方兴未艾的“医教结合”新模式的推广，对复合型特殊教育师资、康复治疗师的培养，对残疾人教育、医疗、康复质量及水平的提高等具有重要意义。

目前不少进入学前教育机构、特殊教育学校的儿童还无法清楚说话、难以执行简单指令，甚至无法安坐，带病上学成为特殊需要儿童的入学常态，教学目标很难实现，需要针对性的康复课程介入。例如，《培智学校义务教育课程标准》明确将康复训练列为其重要内容。当学生粗大动作和精细动作发展存在显著迟缓或功能障碍时，应从物理治疗和作业治疗等相应领域开展康复训练；当学生在言语、语言发展上出现明显迟缓，存在语音、流畅性、语法、语义等方面困难时，应进行言语语言康复训练；当学生出现注意缺陷、多动、行为问题、情绪障碍、人际交往困难时，应开展心理治疗、行为矫正与行为支持、音乐治疗和游戏治疗等康复训练。康复课程不分学段，应根据学生的特殊需求，在世界卫生组织ICF框架下采用“评估—训练—评估”的模式进行，最终达到预期的康复效果。

为解决这些问题，受教育部委托，华东师范大学在全国范围遴选特殊教育学校进行“医教结合”实验，以期残疾儿童在学前教育机构、特殊教育学校接受教育的同时，也能获得针对性的医疗和康复服务。我们在全国18所医教结合实验校和21所医教结合师资培训基地的实践表明：医教结合的康复教育新模式对于残疾儿童的医疗康复效果极佳，家庭经济负担大为减轻，教育质量得到明显提高，这种“医教结合，综合康复”的模式具有强大的生命力。

近几年，在华东师范大学中国言语听觉康复科学与ICF应用研究院、康复科学系（听力与言语康复学专业、教育康复学专业）的努力下，在中国教育技术协会教育康复专业委员会、中国残疾人康复协会语言障碍康复专业委员会、中国优生优育协会儿童脑潜能开发专业委员会的支持下，在全国医教结合师资培训基地的配合下，专家组研制了医学·教育康复行业课程标准，课程标准具体包括：《言语障碍康复课程标准》《儿童语言康复课程标准》《儿童认知障碍康复课程标准》《儿童情绪行为障碍干预课程标准》《儿童运动康复课程标准》《听障儿童听觉言语康复课程标准》《康复仪器设备与教学信息化配备标准》等。

本系列课程标准有助于规范指导康复教师和康复治疗师使用康复设备及专业工具，对障碍者采用定量与定性的综合方法进行评定、制订方案、实施康复训练、跟踪康复效果，同时提供康复咨询与指导。

此外，本系列课程标准还另外配套了与康复关系密切的四门课程的实施指南：《智力障碍儿童生活语文学科实施指南》《智力障碍儿童生活适应学科实施指南》《智力障碍儿童生活数学学科实施指南》《智力障碍儿童心理健康学科实施指南》。

本系列课程标准与实施指南既可作为大学本科、研究生或高职院校康复治疗学、听力与言语康复学、言语听觉康复技术以及教育康复学和特殊教育学专业教学参考使用，也可为医院、康复机构、特殊教育学校及民政福利机构等相关部门开展残疾儿童各板块康复的评估、治疗、监控、教学、管理和研究工作使用。我们期待本系列课程标准与实施指南能为中国康复教育事业的发展做出贡献，同时也期待本套课程标准与实施指南在实践中渐趋完善，成为一套言之有理、操之有物、行之有效的临床或一线教育康复的工作指南。

《医学·教育康复行业课程标准与实施指南》编写委员会

2020年4月

目　录

一、导言

（一）课程定位

语言是人类思维、交流、学习的工具，语言能力是人们生活必备的基本技能。普通儿童在正常的教育与生活环境中，能顺利习得母语的词汇、意义、结构和规则等，建立起个人听、说、读、写的语言技能。语言障碍儿童因生理、认知、行为等因素导致其在语言的理解和使用上存在困难或问题，需要对其实施语言的康复训练与教育，以促进其语言能力的提升，满足其生活与学习的需要。

本课程面向处于学前和学龄阶段的语言障碍儿童，针对语言障碍儿童在前语言沟通、词语理解与表达、句子理解与表达、综合运用方面存在的不足与障碍，进行有计划、有步骤的康复训练，从而丰富儿童①的早期语言经验，提高儿童的语言理解与运用水平，为其今后的学习与生活奠定基础。

（二）课程理念

1. 以“医教结合、综合康复”为指导思想，促进儿童各方面能力协调发展

结合现代康复医学、特殊教育学与应用语言学的新理念与新方法，“障碍儿童综合康复体系”得以建构。语言康复是该体系的重要组成部分，它与语言障碍儿童言语能力的发展与认知能力的提高

① 本课程关注对象是语言障碍儿童，在不与普通儿童进行比照及其他非必要的情形下，为表述简洁，一般直接使用“儿童”代指“语言障碍儿童”。

有着密切的联系。因此，语言康复课程的开设对探索特殊教育“医教结合、综合康复”的新模式具有重要意义。

语言障碍儿童在语言、认知、言语、情绪等多个方面存在问题，需要综合、协调地发展其各方面的能力，例如，一名儿童在认知方面缺乏对相同的简单事物进行匹配的能力，若对该儿童直接进行词语和句子的训练，他 / 她是无法完成的。此外，由于障碍儿童具有康复和教育的双重需求，在康复训练中，须借助教育的环境设置和过程引导来帮助儿童主动参与教学过程，从而提升其语言能力。

2. 以儿童语言发展规律及障碍儿童语言障碍的特征为依据，循序渐进地安排课程内容

本课程以儿童语言发展规律及障碍儿童语言障碍的特征为依据，循序渐进地安排课程内容。内容包括前语言沟通、词语理解与表达、句子理解与表达和综合运用四个方面。由于 5 岁是儿童语言发育的分水岭，5 岁时普通儿童已基本习得全部句法，能与人进行顺畅的沟通交流，因而对语言障碍儿童的训练应着眼于儿童适应生活、适应社会的基本需求，以 5 岁普通儿童的语言发展水平为基本要求，若语言障碍儿童能实现该目标，则进一步提升对其的学习要求。

3. 以语言运用为导向，强化和迁移运用习得的语言符号

语言障碍儿童的语言各要素不同程度地受损，急需对其进行针对性的康复训练。语言的学习本身是以运用为目的，因此训练中应尽可能调用儿童的感知觉、认知和环境信息帮助儿童理解，在训练中应强化练习，在训练后更要在实际情景中创设运用语言的机会，使语言符号不断被强化和迁移运用，达到学以致用的目的。

语言康复的过程必须采用多样化的教学组织形式，使儿童充分参与教学过程。在语言训练过程中，必须充分考虑认知、言语、听力等方面的影响，以更好地实现语言康复目标。

4. 以医院、机构、特殊教育学校与家庭合作机制为支撑，综合提高儿童语言康复质量

语言障碍儿童的康复并非一朝一夕之事，而是一项长期工程。

对于语言障碍儿童而言，习得的能力需要在日常生活中反复应用才能获得内化。因此，家长的支持与参与是强化教育康复效果的保障，家长要在医生、机构康复师或特殊教育学校教师等专业人员的指导下，对儿童实施家庭训练与指导，通过线上与线下合作的方式，提高儿童语言康复质量。

（三）设计思路

1. 课程整体设计思路

本课程针对儿童的语言障碍特征，从前语言沟通、词语理解与表达、句子理解与表达、综合运用四个方面构建语言康复训练体系，并作为课程内容的主要结构，如图 1 所示。

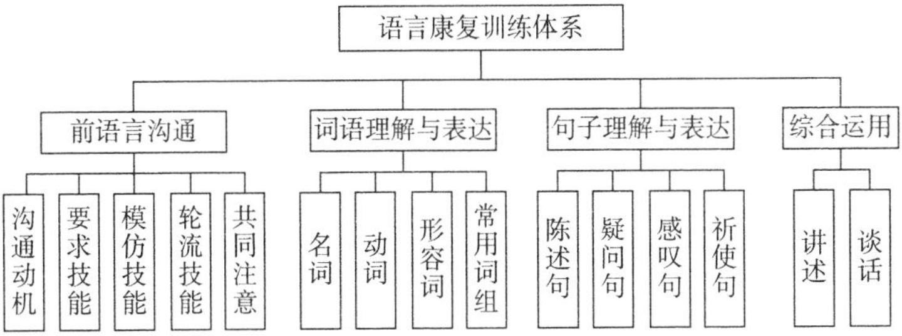

图 1　语言康复训练框架图

2. 课程标准编写思路

本课程标准以儿童语言发展规律为依据，针对儿童的语言障碍特征，力图体现补偿性课程的特色，强调补偿、适应、发展的课程理念。

（1）课程目标分为总目标与阶段目标

总目标概述儿童通过语言康复训练可能达到的语言能力水平，阶段目标分别从前语言沟通、词语理解与表达、句子理解与表达、综合运用四个方面列出儿童为满足适应生活、适应社会的基本需求所应该达到的相应的语言能力水平。

（2）课程内容的设计体现全面性、发展性和可操作性

课程内容包括前语言沟通、词语理解与表达、句子理解与表达、综合运用四个方面，从语音、语义、语法、语用四个维度构建语言康复训练体系，基本涵盖了儿童适应生活、适应社会所应掌握的语言技能要求。

课程内容的编排依据儿童语言能力发展规律，按照前语言沟通、词语理解与表达、句子理解与表达、综合运用的递进趋势加以组织，难度不断加大，渐进式地提升儿童的语言能力，并以语言运用为导向，要求儿童能够将学习到的语言符号泛化运用到日常生活中，以进一步满足儿童生活和学习的需要。

课程内容将语言康复训练各阶段的目标和内容分项列出。目标按由低到高的顺序，内容呈现不断递进的趋势；每一项目标和内容，都列出了康复训练建议，包括康复训练准备、康复训练方法和目标达成，清晰、明确，可操作性强。

（3）课程实施突出指导性

课程实施建议从儿童语言障碍的特征出发，提出康复训练建议、评价建议以及关于保障课程实施的支撑条件的建议。

二、课程目标

（一）总目标

通过对儿童前语言沟通技能、词语理解与表达能力、句子理解与表达能力和综合运用能力的训练，帮助儿童使用与维持已习得的语言沟通知识与技能，同时习得新的语言沟通知识与

技能，全面提升儿童的语言水平，最大限度地减小语言障碍对儿童生活的影响。

（二）阶段目标

1. 前语言沟通技能训练

（1）沟通技能训练

能关注自己周围发生的事情。

（2）要求技能训练

能主动提出吃、喝等基本的要求，能主动提出社交互动性的动作要求。

（3）模仿技能训练

能主动模仿他人发声，能主动模仿他人的简单动作。

（4）轮流技能训练

能主动回应他人发起的轮流行为，能主动发起轮流行为让他人回应。

（5）共同注意训练

能看着说话者，能主动跟随他人的视线关注事物，能主动引导他人关注自己感兴趣的事物。

2. 词语理解与表达能力训练

（1）名词理解与表达能力训练

① 指物名词。能正确指认和称呼生活中常见的人，能正确指认和命名常吃的食物、身体的部位、常见的动物、常见的盥洗用品、常见的家具、常见的家电、常见的厨房用品、常见的交通工具和常见的衣物。

② 方位名词。能正确理解常用方位名词并正确使用常用的方位名词进行表达。

③ 时间名词。能正确理解常用时间名词并正确使用常用的时间名词进行表达。

（2）动词理解与表达能力训练

能根据指令正确做（找）出简单动作并正确命名简单动作。

（3）形容词理解与表达能力训练

能正确理解和使用常见的形容词。

（4）代词理解与表达能力训练

能正确理解和使用常见的人称代词。

（5）常用词组理解与表达能力训练

能正确理解和表达并列词组、动宾词组、主谓词组、偏正词组和介宾词组。

3. 句子理解与表达能力训练

（1）日常用语

能听从基本指令和简单指令，能进行简单问候。

（2）陈述句

能理解和使用无修饰句、含有一个修饰成分的简单修饰句、含有两个修饰成分的简单修饰句、非可逆句、可逆句、比较句、比喻句、联合复句、偏正复句。

（3）疑问句

能理解和使用是非疑问句、选择疑问句、正反疑问句、特指疑问句。

（4）感叹句

能理解和使用感叹句。

（5）祈使句

能理解和使用祈使句。

4. 综合运用能力训练

（1）讲述

① 讲述能力训练与理解。能理解故事的关键信息、结构、情感、情节和主旨。

② 讲述能力训练与表达。能进行叙事性讲述、描述性讲述、说明性讲述和议论性讲述。

（2）谈话

谈话能力训练。具有谈话意图、谈话技能并能进行谈话预设。

三、课时设置

学前阶段，根据儿童对语言康复训练的需求，灵活设置康复课程，一般每周不少于4课时，6个月康复训练时间总计不少于80小时。

学龄阶段，根据儿童对语言康复训练的需求，灵活设置康复课程。低年龄儿童应保证每周不少于3课时，6个月康复训练时间总计不少于60小时；中、高年龄段儿童应保证每周1～2小时或2小时以上，6个月康复训练时间总计不少于20小时；各医院、康复机构、特殊教育学校应根据儿童的实际情况，对有严重语言障碍的儿童按需增加训练时间。

四、课程内容

康复训练项目		目标与内容	康复训练建议
前语言沟通技能训练	1. 沟通动机训练	**能关注自己周围发生的事情** 儿童能够关注周围环境，主动与周围的人和物品建立联系，有进行交流的意愿。	**（1）康复训练准备** ① 内容选择原则：根据“儿童兴趣调查表”的内容，选择儿童比较感兴趣或新异的事物，作为教学材料。 ② 自备材料：会发光或会发出声音的玩具。 ③ 推荐设备：自闭与多动障碍干预仪（国食药监械〔2015〕104 号）。 **（2）康复训练方法** ① 可采用视听唤醒法、制造障碍法进行训练。 ② 通过创造教学情境，呈现视觉、听觉新异刺激，以引起儿童注意，激发其沟通动机。 **（3）目标达成** 突然发出汽车的声音或呈现其他新异刺激，儿童能做出恰当的反应。
	2. 要求技能训练	**（1）能主动提出吃、喝等基本的要求** 儿童能够用眼神、手势、手语、图片等任一形式提出吃、喝等基本的要求。	**（1）康复训练准备** ① 内容选择原则：根据“儿童兴趣调查表”的内容，选择儿童喜欢的食物。 ② 自备材料：儿童喜欢的食物。 ③ 推荐设备：自闭与多动障碍干预仪（国食药监械〔2015〕104 号）。 **（2）康复训练方法** 可采用制造障碍法、故意犯错法进行训练。 **（3）目标达成** 在儿童面前放置其喜欢的食物，儿童能做出恰当的反应。

续表

康复训练项目		目标与内容	康复训练建议
前语言沟通技能训练	2. 要求技能训练	**（2）能主动提出社交互动性的动作要求** 儿童能够用眼神、手势、手语、图片等任一形式提出社交互动性的要求。	**（1）康复训练准备** ① 内容选择原则：根据“儿童兴趣调查表”的内容，选择儿童感兴趣的或新异的玩具，或选择儿童喜欢或熟悉的人。 ② 自备材料：儿童感兴趣的或新异的玩具。 ③ 推荐设备：自闭与多动障碍干预仪（国食药监械〔2015〕104 号）。 **（2）康复训练方法** 可采用增添新异刺激法、制造障碍法进行训练，通过创造教学情境，呈现视觉、听觉新异刺激，以引起儿童注意，激发其沟通动机。 **（3）目标达成** 当在儿童面前放置有趣的但够不到的玩具时，儿童能够主动拉起康复师或家长的手，或者用眼神示意求助。
	3. 模仿技能训练	**（1）能主动模仿他人发声** 儿童具有模仿他人言语声音的意识，且能主动模仿简单的元音。	**（1）康复训练准备** ① 内容选择原则：选择核心元音或者是儿童有能力发出的声音。 ② 自备材料：儿童喜欢的会发声玩具、自编声音。 ③ 推荐设备：自闭与多动障碍干预仪（国食药监械〔2015〕104 号）。 **（2）康复训练方法** 可采用示范模仿法进行训练。 **（3）目标达成** 康复师或家长发出声音，儿童能够正确模仿康复师或者家长发出的声音。

续表

康复训练项目		目标与内容	康复训练建议
前语言沟通技能训练	3. 模仿技能训练	**（2）能主动模仿他人的简单动作** 儿童具有模仿他人简单动作的意识，且能主动模仿他人的简单动作。	**（1）康复训练准备** ① 内容选择原则：从简单的一步驭物动作开始，逐步增加为多步动作。 ② 自备材料：一步驭物动作模仿视频、多步动作模仿视频等。 ③ 推荐设备：自闭与多动障碍干预仪（国食药监械〔2015〕104 号）。 **（2）康复训练方法** 可采用示范模仿法进行训练。 **（3）目标达成** 康复师或家长做出动作，儿童能够正确模仿康复师或家长做出的动作。
	4. 轮流技能训练	**（1）能主动回应他人发起的轮流行为** 儿童能够回应他人发起的轮流行为以维持轮流沟通活动。	**（1）康复训练准备** ① 内容选择原则：从高结构玩具到低结构玩具，从肢体互动游戏到发音互动游戏。 ② 自备材料：儿童喜欢的球、汽车等玩具。 **（2）康复训练方法** 可采用提示教学法、时间延宕法进行训练。 **（3）目标达成** 康复师或家长发起轮流行为，儿童能够主动回应。
		（2）能主动发起轮流行为让他人回应 儿童能够发起轮流行为以开启一个新的轮流沟通活动。	**（1）康复训练准备** ① 内容选择原则：从高结构玩具到低结构玩具，从肢体互动游戏到发音互动游戏。 ② 自备材料：儿童喜欢的球、汽车等玩具。 **（2）康复训练方法** 可采用积极等待法、提示教学法进行训练。 **（3）目标达成** 儿童能够主动发起轮流行为，并要求他人回应。

续表

康复训练项目		目标与内容	康复训练建议
前语言沟通技能训练	5. 共同注意训练	**（1）能看着说话者** 在说话过程中，儿童与说话者有视线上的接触。	**（1）康复训练准备** ① 内容选择原则：根据“儿童兴趣调查表”的内容，选择儿童感兴趣的或新异的玩具。 ② 自备材料：儿童感兴趣的或新异的玩具。 ③ 推荐设备：自闭与多动障碍干预仪（国食药监械〔2015〕104 号）。 **（2）康复训练方法** 可采用动态找寻法进行训练；通过创造教学情境，呈现视觉、听觉新异刺激，以引起儿童注意，激发其沟通动机。 **（3）目标达成** 在说话过程中，儿童与说话者有视线上的接触。
		（2）能主动跟随他人的视线关注事物 在说话或活动过程中，儿童能够主动跟随他人的视线关注事物。	**（1）康复训练准备** ① 内容选择原则：根据“儿童兴趣调查表”的内容，选择儿童感兴趣的或新异的玩具。 ② 自备材料：儿童感兴趣的或新异的玩具。 ③ 推荐设备：自闭与多动障碍干预仪（国食药监械〔2015〕104 号）。 **（2）康复训练方法** 可采用手势指向追踪法进行训练。 **（3）目标达成** 呈现两个物品，儿童与康复师面对面，视线齐平，康复师注视其中一个物品，同时观察儿童能否找出康复师注视的物品。

续表

康复训练项目				目标与内容	康复训练建议
前语言沟通技能训练	5. 共同注意训练			**（3）能主动引导他人关注自己感兴趣的事物** 在说话或活动过程中，儿童能够主动引导他人跟随自己的视线去关注事物。	**（1）康复训练准备** ① 内容选择原则：根据“儿童兴趣调查表”的内容，选择儿童感兴趣的或新异的玩具。 ② 自备材料：儿童感兴趣的或新异的玩具。 ③ 推荐设备：自闭与多动障碍干预仪（国食药监械〔2015〕104 号）。 **（2）康复训练方法** 可采用手势指向追踪法进行训练。 **（3）目标达成** 儿童希望与他人分享自己喜欢的事物时，能看看成人再看看物品，引导他人关注事物。
词语理解与表达能力训练	名词	指物名词	1. 常见人称名词	**（1）能正确指认生活中常见的人** ① 核心家庭成员。 ② 亲戚长辈。 ③ 同辈成员。	**（1）康复训练准备** ① 自备材料：词语图卡或者家庭成员照片。 ② 推荐设备：早期语言障碍评估与干预仪（国食药监械〔2011〕231 号）、智慧康复课件。 **（2）康复训练方法** 通过感知体验、主题活动等方法，帮助儿童理解并指认（指认的形式包括眼神、动作或口头）生活中常见的人。 **（3）目标达成** 当真实人物出现在儿童面前或将 3 ~ 4 张人物照片放置在儿童面前时，康复师说出人物的名称，儿童能够正确指认出对应的人物。

续表

康复训练项目				目标与内容	康复训练建议
词语理解与表达能力训练	名词	指物名词	1. 常见人称名词	（2）**能正确称呼生活中常见的人** ① 核心家庭成员。 ② 亲戚长辈。 ③ 同辈成员。	（1）**康复训练准备** ① 自备材料：词语图卡或者家庭成员照片。 ② 推荐设备：早期语言障碍评估与干预仪（国食药监械〔2011〕231号）、言语障碍矫治仪（国食药监械〔2011〕231号）、智慧康复课件。 （2）**康复训练方法** ① 通过示范模仿、集中练习、提示促进等方法，帮助儿童正确称呼生活中常见的人。 ② 对常见人称进行语言拓展训练，发音过程中进行音调、响度、音节时长、停顿起音训练。 （3）**目标达成** 当真实人物出现在儿童面前或将 3 ~ 4 张人物照片放置在儿童面前时，康复师指着真实人物或其中一张照片，儿童能够进行正确称呼。
			2. 食物类名词	（1）**能正确指认常吃的食物** ① 常见水果。 ② 常见蔬菜。 ③ 常见肉类。 ④ 常见谷物。	（1）**康复训练准备** ① 自备材料：实物、模型或图卡。 ② 推荐设备：早期语言障碍评估与干预仪（国食药监械〔2011〕231号）、智慧康复课件。 （2）**康复训练方法** 通过感知体验、主题活动等方法，帮助儿童理解并指认（指认的形式包括眼神、动作或口头）生活中常吃的食物。 （3）**目标达成** 当在儿童面前放置 3 ~ 4 张食物的图卡时，康复师说出一张图卡上的食物的名称，儿童能够进行正确指认。

续表

康复训练项目				目标与内容	康复训练建议
词语理解与表达能力训练	名词	指物名词	2. 食物类名词	**（2）能正确命名常吃的食物** ① 常见水果。 ② 常见蔬菜。 ③ 常见肉类。 ④ 常见谷物。	**（1）康复训练准备** ① 自备材料：实物、模型或图卡。 ② 推荐设备：早期语言障碍评估与干预仪（国食药监械〔2011〕231号）、言语障碍矫治仪（国食药监械〔2011〕231号）、智慧康复课件。 **（2）康复训练方法** ① 通过示范模仿、集中练习、提示促进等方法，帮助儿童正确命名生活中常吃的食物。 ② 对常吃的食物进行语言拓展训练，发音过程中进行音调、响度、音节时长、停顿起音训练。 **（3）目标达成** 当向儿童展示食物的实物、模型或图卡时，儿童能够正确命名。
			3. 身体部位类名词	**（1）能正确指认身体部位** ① 面部五官。 ② 上下肢。 ③ 躯干。	**（1）康复训练准备** ① 自备材料：图卡。 ② 推荐设备：早期语言障碍评估与干预仪（国食药监械〔2011〕231号）、智慧康复课件。 **（2）康复训练方法** 通过感知体验、主题活动等方法，帮助儿童理解并正确指认（指认的形式包括眼神、动作或口头）身体部位。 **（3）目标达成** 当康复师说出一个身体部位的名称时，儿童能够对自己、他人或所给图卡的相应部位进行正确指认。

续表

康复训练项目				目标与内容	康复训练建议
词语理解与表达能力训练	名词	指物名词	3. 身体部位类名词	**（2）能正确命名身体部位** ① 面部五官。 ② 上下肢。 ③ 躯干。	**（1）康复训练准备** ① 自备材料：图卡。 ② 推荐设备：早期语言障碍评估与干预仪（国食药监械〔2011〕231号）、言语障碍矫治仪（国食药监械〔2011〕231号）、智慧康复课件。 **（2）康复训练方法** ① 通过示范模仿、集中练习、提示促进等方法，帮助儿童正确命名身体部位。 ② 对身体部位进行语言拓展训练，发音过程中进行音调、响度、音节时长、停顿起音训练。 **（3）目标达成** 当向儿童展示身体部位或者身体部位的图卡时，儿童能够正确命名身体部位。
			4. 动物类名词	**（1）能正确指认常见的动物** ① 家禽家畜。 ② 陆地动物。 ③ 水生动物。 ④ 飞禽。 ⑤ 昆虫。	**（1）康复训练准备** ① 自备材料：模型、标本或图卡。 ② 推荐设备：早期语言障碍评估与干预仪（国食药监械〔2011〕231号）、智慧康复课件。 **（2）康复训练方法** 通过感知体验、主题活动等方法，帮助儿童理解并正确指认（指认的形式包括眼神、动作或口头）常见的动物。 **（3）目标达成** 当康复师说出一种动物的名称时，儿童能够从所给模型、标本或图卡中正确指认对应的动物。

续表

康复训练项目				目标与内容	康复训练建议
词语理解与表达能力训练	名词	指物名词	4. 动物类名词	**（2）能正确命名常见的动物** ① 家禽家畜。 ② 陆地动物。 ③ 水生动物。 ④ 飞禽。 ⑤ 昆虫。	**（1）康复训练准备** ① 自备材料：模型、标本或图卡。 ② 推荐设备：早期语言障碍评估与干预仪（国食药监械〔2011〕231号）、言语障碍矫治仪（国食药监械〔2011〕231号）、智慧康复课件。 **（2）康复训练方法** ① 通过示范模仿、集中练习、提示促进等方法，帮助儿童正确命名常见的动物。 ② 对常见的动物进行语言拓展训练，发音过程中进行音调、响度、音节时长、停顿起音训练。 **（3）目标达成** 当向儿童展示一种动物的模型、标本或图卡时，儿童能够准确命名该动物。
			5. 盥洗用品类名词	**（1）能正确指认常见的盥洗用品**	**（1）康复训练准备** ① 自备材料：实物、模型或图卡。 ② 推荐设备：早期语言障碍评估与干预仪（国食药监械〔2011〕231号）、智慧康复课件。 **（2）康复训练方法** 通过感知体验、主题活动等方法，帮助儿童理解并正确指认（指认的形式包括眼神、动作或口头）常见的盥洗用品。 **（3）目标达成** 当康复师说出一种盥洗用品的名称时，儿童能够从所给实物、模型或图卡中正确指认对应的盥洗用品。

续表

康复训练项目				目标与内容	康复训练建议
词语理解与表达能力训练	名词	指物名词	5. 盥洗用品类名词	（2）能正确命名常见的盥洗用品	**（1）康复训练准备** ① 自备材料：实物、模型或图卡。 ② 推荐设备：早期语言障碍评估与干预仪（国食药监械〔2011〕231号）、言语障碍矫治仪（国食药监械〔2011〕231号）、智慧康复课件。 **（2）康复训练方法** ① 通过示范模仿、集中练习、语义联想等方法，帮助儿童正确命名常见的盥洗用品。 ② 对常见的盥洗用品进行语言拓展训练，发音过程中进行音调、响度、音节时长、停顿起音训练。 **（3）目标达成** 当向儿童展示一种盥洗物品的实物、模型或图卡时，儿童能够准确命名该盥洗物品。
			6. 家具类	（1）能正确指认常见的家具	**（1）康复训练准备** ① 自备材料：实物、模型或图卡。 ② 推荐设备：早期语言障碍评估与干预仪（国食药监械〔2011〕231号）、智慧康复课件。 **（2）康复训练方法** 通过感知体验、主题活动等方法，帮助儿童理解并正确指认（指认的形式包括眼神、动作或口头）常见的家具。 **（3）目标达成** 当康复师说出一种家具的名称时，儿童能够从所给实物、模型或图卡中正确指认对应的家具。

续表

康复训练项目				目标与内容	康复训练建议
词语理解与表达能力训练	名词	指物名词	6. 家具类	（2）能正确命名常见的家具	**（1）康复训练准备** ① 自备材料：实物、模型或图卡。 ② 推荐设备：早期语言障碍评估与干预仪（国食药监械〔2011〕231号）、言语障碍矫治仪（国食药监械〔2011〕231号）、智慧康复课件。 **（2）康复训练方法** ① 通过示范模仿、集中练习、语义联想等方法，帮助儿童正确命名常见的家具。 ② 对常见的家具进行语言拓展训练，发音过程中进行音调、响度、音节时长、停顿起音训练。 **（3）目标达成** 当向儿童展示一种家具的实物、模型或图卡时，儿童能够正确命名该家具。
			7. 家电类	（1）能正确指认常见的家电	**（1）康复训练准备** ① 自备材料：实物或图卡。 ② 推荐设备：早期语言障碍评估与干预仪（国食药监械〔2011〕231号）、智慧康复课件。 **（2）康复训练方法** 通过感知体验、主题活动等方法，帮助儿童理解并正确指认（指认的形式包括眼神、动作或口头）常见的家电。 **（3）目标达成** 当康复师说出一种家电的名称时，儿童能够从所给实物或图卡中正确指认对应的家电。

续表

康复训练项目				目标与内容	康复训练建议
词语理解与表达能力训练	名词	指物名词	7. 家电类	（2）能正确命名常见的家电	**（1）康复训练准备** ① 自备材料：实物或图卡。 ② 推荐设备：早期语言障碍评估与干预仪（国食药监械〔2011〕231号）、言语障碍矫治仪（国食药监械〔2011〕231号）、智慧康复课件。 **（2）康复训练方法** ① 通过示范模仿、集中练习、语音联想等方法，帮助儿童正确命名常见的家电。 ② 对常见的家电进行语言拓展训练，发音过程中进行音调、响度、音节时长、停顿起音训练。 **（3）目标达成** 当向儿童展示一种家电的实物或图卡时，儿童能够正确命名该家电。
			8. 厨房用品类	（1）能正确指认常见的厨房用品	**（1）康复训练准备** ① 自备材料：实物或图卡。 ② 推荐设备：早期语言障碍评估与干预仪（国食药监械〔2011〕231号）、智慧康复课件。 **（2）康复训练方法** 通过感知体验、主题活动等方法，帮助儿童理解并正确指认（指认的形式包括眼神、动作或口头）常见的厨房用品。 **（3）目标达成** 当康复师说出一种厨房用品的名称时，儿童能够从所给实物或图卡中正确指认对应的厨房用品。

续表

康复训练项目				目标与内容	康复训练建议
词语理解与表达能力训练	名词	指物名词	8. 厨房用品类	（2）能正确命名常见的厨房用品	**（1）康复训练准备** ① 自备材料：实物或图卡。 ② 推荐设备：早期语言障碍评估与干预仪（国食药监械〔2011〕231号）、言语障碍矫治仪（国食药监械〔2011〕231号）、智慧康复课件。 **（2）康复训练方法** ① 通过示范模仿、集中练习、语义联想等方法，帮助儿童正确命名常见的家电。 ② 对常见的厨房用品进行语言拓展训练，发音过程中进行音调、响度、音节时长、停顿起音训练。 **（3）目标达成** 当向儿童展示一种厨房用品的实物或图卡时，儿童能够正确命名该厨房用品。
词语理解与表达能力训练	名词	指物名词	9. 交通工具类	（1）能正确指认常见的交通工具	**（1）康复训练准备** ① 自备材料：实物、模型或图卡。 ② 推荐设备：早期语言障碍评估与干预仪（国食药监械〔2011〕231号）、智慧康复课件。 **（2）康复训练方法** 通过感知体验、主题活动等方法，帮助儿童理解并正确指认（指认的形式包括眼神、动作或口头）常见的交通工具。 **（3）目标达成** 当康复师说出一种交通工具的名称时，儿童能够从所给实物、模型或图卡中正确指认对应的交通工具。

续表

康复训练项目				目标与内容	康复训练建议
词语理解与表达能力训练	名词	指物名词	9. 交通工具类	（2）能正确命名常见的交通工具	**（1）康复训练准备** ① 自备材料：实物、模型或图卡。 ② 推荐设备：早期语言障碍评估与干预仪（国食药监械〔2011〕231号）、言语障碍矫治仪（国食药监械〔2011〕231号）、智慧康复课件。 **（2）康复训练方法** ① 通过示范模仿、集中练习、语义联想等方法，帮助儿童正确命名常见的交通工具。 ② 对常见的交通工具进行语言拓展训练，发音过程中进行音调、响度、音节时长、停顿起音训练。 **（3）目标达成** 当向儿童展示一种交通工具的实物、模型或图卡时，儿童能够正确命名该交通工具。
			10. 常见衣物类	（1）能正确指认常见的衣物	**（1）康复训练准备** ① 自备材料：实物或图卡。 ② 推荐设备：早期语言障碍评估与干预仪（国食药监械〔2011〕231号）、智慧康复课件。 **（2）康复训练方法** 通过感知体验、主题活动等方法，帮助儿童理解并正确指认（指认的形式包括眼神、动作或口头）常见的衣物。 **（3）目标达成** 当康复师说出一种衣物的名称时，儿童能够从所给实物或图卡中正确指认对应的衣物。

续表

康复训练项目				目标与内容	康复训练建议
词语理解与表达能力训练	名词	指物名词	10. 常见衣物类	（2）**能正确命名常见的衣物**	（1）**康复训练准备** ① 自备材料：实物或图卡。 ② 推荐设备：早期语言障碍评估与干预仪（国食药监械〔2011〕231号）、言语障碍矫治仪（国食药监械〔2011〕231号）、智慧康复课件。 （2）**康复训练方法** ① 通过示范模仿、集中练习、语义联想等方法，帮助儿童正确命名常见的衣物。 ② 对常见衣物进行语言拓展训练，发音过程中进行音调、响度、音节时长、停顿起音训练。 （3）**目标达成** 当向儿童展示一种衣物的实物或图卡时，儿童能够正确命名该衣物。
		方位名词	常用方位名词	（1）**能正确理解常用方位名词** ① 上下类“上方、上面、上边、上头、下方、下面、下边、下头等”。 ② 里外类“里面、里边、里头、外面、外边、外头等”。 ③ 前后类“前方、前面、前边、前头、后方、后面、后边、后头等”。 ④ 中旁类“中间、旁边等”。 ⑤ 左右类“左边、左面、右边、右面等”。	（1）**康复训练准备** 自备材料：实物或图卡。 （2）**康复训练方法** 通过感知体验、主题活动等方法，帮助儿童感受、理解并辨别不同的方位。 （3）**目标达成** 儿童能够从所给实物或图卡中正确指认对应的方位。

续表

康复训练项目				目标与内容	康复训练建议
词语理解与表达能力训练	名词	方位名词	常用方位名词	**（2）能正确使用常用的方位名词进行表达** ① 上下类“上方、上面、上边、上头、下方、下面、下边、下头等”。 ② 里外类“里面、里边、里头、外面、外边、外头等”。 ③ 前后类“前方、前面、前边、前头、后方、后面、后边、后头等”。 ④ 中旁类“中间、旁边等”。 ⑤ 左右类“左边、左面、右边、右面等”。	**（1）康复训练准备** 自备材料：实物或图卡。 **（2）康复训练方法** 通过示范模仿、主题活动等方法，帮助儿童进行方位名词的表达训练。 **（3）目标达成** 儿童能够正确表达出一个物品在环境中或图卡上所处的方位。
		时间名词	常用时间名词	**（1）能正确理解常用时间名词** ① 次序时间名词“后来、最后等”。 ② 非定位时间名词“现在、刚才、从前、今天、昨天、明天等”。 ③ 定位时间名词“晚上、早上、下午、中午等”。	**（1）康复训练准备** 自备材料：实物或图卡。 **（2）康复训练方法** 通过感知体验、主题活动等方法，帮助儿童感受、理解并区分不同的时间。 **（3）目标达成** 儿童能够从所给图卡、场景、事件中正确理解对应的时间。
				（2）能正确使用常用的时间名词进行表达 ① 次序时间名词“后来、最后等”。 ② 非定位时间名词“现在、刚才、从前、今天、昨天、明天等”。 ③ 定位时间名词“晚上、早上、下午、中午等”。	**（1）康复训练准备** 自备材料：实物或图卡。 **（2）康复训练方法** 通过感知体验、主题活动、示范模仿等方法，帮助儿童进行时间名词的表达训练。 **（3）目标达成** 儿童能够从所给图卡、场景、事件中正确表达对应的时间。

续表

康复训练项目			目标与内容	康复训练建议
词语理解与表达能力训练	动词	动作动词的理解与表达	**（1）能根据指令正确做（找）出简单动作** ① 动作动词“走、跑、爬、跳等”。 ② 趋向动词“下来、上去、进去、出去等”。 ③ 判断动词“是、像、叫（称呼）、当（担任）等”。 ④ 存现动词“有、没有、在、不在等”。 ⑤ 心理动词“害怕、喜欢、想、讨厌等”。 ⑥ 其他动词“能（吃）、不许（吃）、要（出去）、让等”。	**（1）康复训练准备** 自备材料：图卡（动态）。 **（2）康复训练方法** 通过感知体验、示范模仿等方法，帮助儿童感受、理解并区分不同的动作。 **（3）目标达成** 儿童能够从所给图卡中正确理解对应的动作。
			（2）能正确命名简单动作 ① 动作动词“走、跑、爬、跳等”。 ② 趋向动词“下来、上去、进去、出去等”。 ③ 判断动词“是、像、叫（称呼）、当（担任）等”。 ④ 存现动词“有、没有、在、不在等”。 ⑤ 心理动词“害怕、喜欢、想、讨厌等”。 ⑥ 其他动词“能（吃）、不许（吃）、要（出去）、让等”。	**（1）康复训练准备** 自备材料：图卡（动态）。 **（2）康复训练方法** 通过感知体验、示范模仿等方法，帮助儿童感受、理解并区分不同的动作。 **（3）目标达成** 儿童能够命名所给图卡中对应的动作。

续表

康复训练项目			目标与内容	康复训练建议
词语理解与表达能力训练	形容词	形容词的理解与表达	（1）**能正确理解常见的形容词** ①外形特征类"大、小、胖、瘦、高、低、红、绿、黑、白等"。 ②性质评价类"好、坏、错、对等"。 ③机体感觉类"饿、疼、累、酸、甜、苦、辣等"。 ④品行行为类"听话、调皮、淘气、乖巧等"。 ⑤事件情景类"好玩、危险等"。 ⑥情绪情感类"高兴、急、快乐、开心、舒服等"。	（1）**康复训练准备** 自备材料：实物、模型或图卡。 （2）**康复训练方法** 通过感知体验、语义联想等方法，帮助儿童感受、理解并区分不同的形容词。 （3）**目标达成** 儿童能够从所给实物、模型或图卡中正确理解不同的形容词。
			（2）**能正确使用常见的形容词** ①外形特征类"大、小、胖、瘦、高、低、红、绿、黑、白等"。 ②性质评价类"好、坏、错、对等"。 ③机体感觉类"饿、疼、累、酸、甜、苦、辣等"。 ④品行行为类"听话、调皮、淘气、乖巧等"。 ⑤事件情景类"好玩、危险等"。 ⑥情绪情感类"高兴、急、快乐、开心、舒服等"。	（1）**康复训练准备** 自备材料：实物、模型或图卡。 （2）**康复训练方法** 通过感知体验、语义联想等方法，帮助儿童感受、理解并区分不同的形容词。 （3）**目标达成** 儿童能够正确描述实物、模型或图卡所表现的特征、类型等。

续表

康复训练项目			目标与内容	康复训练建议
词语理解与表达能力训练	代词	人称代词的理解与表达	**（1）能正确理解常见的人称代词** ① 第一人称代词“我、我们等”。 ② 第二人称代词“你、你们等”。 ③ 第三人称代词“他、她、他们等”。	**（1）康复训练准备** 自备材料：实物或图卡。 **（2）康复训练方法** 通过角色扮演等方法，帮助儿童感受、理解并区分不同的人称。 **（3）目标达成** 通过角色扮演的游戏（至少三人参与），康复师对儿童发出“指一指他”的指令，儿童能正确指认第三个人。
			（2）能正确使用常见的人称代词 ① 第一人称代词“我、我们等”。 ② 第二人称代词“你、你们等”。 ③ 第三人称代词“他、她、他们等”。	**（1）康复训练准备** 自备材料：实物或图卡。 **（2）康复训练方法** 通过角色扮演等方法，帮助儿童使用不同的人称代词进行表达。 **（3）目标达成** 儿童能够使用不同的人称代词进行表达。
	常用词组	1. 并列词组	**（1）能正确理解并列词组** ① 水果类“苹果和香蕉、甘蔗和西瓜、葡萄和草莓等”。 ② 蔬菜类“黄瓜和茄子、土豆和西红柿、胡萝卜和冬瓜等”。 ③ 亲属类“爸爸和妈妈、爷爷和奶奶、哥哥和姐姐等”。 ④ 厨具类“筷子和勺子、碗和碟子等”。 ⑤ 家电类“冰箱和洗衣机、电视和电脑、电风扇和空调等”。	**（1）康复训练准备** ① 自备材料：实物、模型或图卡。 ② 推荐设备：早期语言障碍评估与干预仪（国食药监械〔2011〕231号）、智慧康复课件。 **（2）康复训练方法** 通过主题活动、分类训练等方法，运用大量的实物、模型或图卡等材料，让儿童理解“×× 和 ××”的并列词组，并在生活场景中正确指认。 **（3）目标达成** 当在儿童面前放置 3～4 张图卡，康复师说出“×× 和 ××”的图卡名称时，儿童能够正确找出。

续表

康复训练项目			目标与内容	康复训练建议
词语理解与表达能力训练	常用词组	1. 并列词组	（2）**能正确表达并列词组** ① 水果类“苹果和香蕉、甘蔗和西瓜、葡萄和草莓等”。 ② 蔬菜类“黄瓜和茄子、土豆和西红柿、胡萝卜和冬瓜等”。 ③ 亲属类“爸爸和妈妈、爷爷和奶奶、哥哥和姐姐等”。 ④ 厨具类“筷子和勺子、碗和碟子等”。 ⑤ 家电类“冰箱和洗衣机、电视和电脑、电风扇和空调等”。	（1）**康复训练准备** ① 自备材料：实物、模型或图卡。 ② 推荐设备：早期语言障碍评估与干预仪（国食药监械〔2011〕231号）、智慧康复课件。 （2）**康复训练方法** 通过主题活动、分类训练等方法，运用大量的实物、模型或图卡等材料，让儿童使用“×× 和 ××”并列词组的语言形式进行表达。 （3）**目标达成** 当康复师向儿童展示两个物品的实物、模型或图卡时，儿童能够正确命名“×× 和 ××”。
		2. 动宾词组	（1）**能正确理解动宾词组** ① 动词 + 名词“倒牛奶、切水果、提水桶等”。 ② 动词 + 代词“推他、捏自己等”。 ③ 动词 + 形容词“拿红色的、穿绿色的、吃大的等”。 ④ 动词 + 数量词“拿一个、提两桶等”。	（1）**康复训练准备** ① 自备材料：实物、模型或图卡。 ② 推荐设备：早期语言障碍评估与干预仪（国食药监械〔2011〕231号）、智慧康复课件。 （2）**康复训练方法** 通过主题活动、示范模仿等方法，运用大量的实物、模型或图卡等材料，让儿童理解动宾词组的语言形式，并泛化到生活场景中。 （3）**目标达成** 当康复师在儿童面前放置 3 ~ 4 张图卡，说出“动词 + 名词 / 代词 / 形容词 / 数量词”的图卡名称时，儿童能够正确找出。

续表

康复训练项目			目标与内容	康复训练建议
词语理解与表达能力训练	常用词组	2. 动宾词组	**（2）能正确表达动宾词组** ① 动词＋名词“倒牛奶、切水果、提水桶等”。 ② 动词＋代词“推他、捏自己等”。 ③ 动词＋形容词“拿红色的、穿绿色的、吃大的等”。 ④ 动词＋数量词“拿一个、提两桶等”。	**（1）康复训练准备** ① 自备材料：实物、模型或图卡。 ② 推荐设备：早期语言障碍评估与干预仪（国食药监械〔2011〕231号）、智慧康复课件。 **（2）康复训练方法** 通过集中练习、示范模仿等方法，运用大量的实物、模型或图卡等材料，让儿童使用动宾词组的语言形式进行表达。 **（3）目标达成** 当在儿童面前呈现动作或图卡时，儿童能够正确使用动宾词组进行表达。
		3. 主谓词组	**（1）能正确理解主谓词组** ① 名词＋动词“妹妹笑、弟弟穿鞋、妈妈梳头等”。 ② 代词＋动词“我吃、他跑等”。 ③ 名词＋形容词“阳光明媚、身心愉悦、工作繁忙等”。	**（1）康复训练准备** ① 自备材料：实物、模型或图卡。 ② 推荐设备：早期语言障碍评估与干预仪（国食药监械〔2011〕231号）、智慧康复课件。 **（2）康复训练方法** 通过感知体验、主题活动、示范模仿等方法，运用大量的实物、模型或图卡等材料，让儿童理解主谓词组的语言形式，并泛化到生活场景中。 **（3）目标达成** 当在儿童面前放置 3 ~ 4 张图卡，康复师说出“名词（代词）＋动词 / 形容词”的图片名称时，儿童能够正确找出。

续表

康复训练项目			目标与内容	康复训练建议
词语理解与表达能力训练	常用词组	3. 主谓词组	**（2）能正确表达主谓词组** ① 名词 + 动词“妹妹笑、弟弟穿鞋、妈妈梳头等”。 ② 代词 + 动词“我吃、他跑等”。 ③ 名词 + 形容词“阳光明媚、身心愉悦、工作繁忙等”。	**（1）康复训练准备** ① 自备材料：实物、模型或图卡。 ② 推荐设备：早期语言障碍评估与干预仪（国食药监械〔2011〕231号）、智慧康复课件。 **（2）康复训练方法** 通过主题活动、示范模仿、提示促进等方法，运用大量的实物、模型或图卡等材料，让儿童使用主谓词组的语言形式进行表达。 **（3）目标达成** 当在儿童面前呈现表现动作、状态的图卡时，儿童能够正确使用主谓词组进行表达。
		4. 偏正词组	**（1）能正确理解偏正词组** ① 形容词 + 名词“红色的积木、圆圆的镜子等”。 ② 形容词 + 动词“飞快地跑、快速地吃等”。 ③ 形容词 + 代词“高大的你、胖胖的她等”。 ④ 副词 + 形容词“很好看、非常漂亮等”。	**（1）康复训练准备** ① 自备材料：实物、模型或图卡。 ② 推荐设备：早期语言障碍评估与干预仪（国食药监械〔2011〕231号）、智慧康复课件。 **（2）康复训练方法** 通过感知体验、主题活动、示范模仿等方法，运用大量的实物、模型或图卡等材料，让儿童理解偏正词组的语言形式，并泛化到生活场景中。 **（3）目标达成** 当在儿童面前放置 3 ~ 4 张图卡，康复师说出“形容词（副词）+ 名词 / 动词 / 代词 / 形容词”的图卡名称时，儿童能够正确找出。

续表

康复训练项目			目标与内容	康复训练建议
词语理解与表达能力训练	常用词组	4. 偏正词组	**（2）能正确表达偏正词组** ① 形容词 + 名词“红色的积木、圆圆的镜子等”。 ② 形容词 + 动词“飞快地跑、快速地吃等”。 ③ 形容词 + 代词“高大的你、胖胖的她等”。 ④ 副词 + 形容词“很好看、非常漂亮等”。	**（1）康复训练准备** ① 自备材料：实物、模型或图卡。 ② 推荐材料：早期语言障碍评估与干预仪（国食药监械〔2011〕231号）、智慧康复课件。 **（2）康复训练方法** 通过主题活动、示范模仿、提示促进等方法，运用大量的实物、模型或图卡等材料，让儿童使用偏正词组的语言形式进行表达。 **（3）目标达成** 当在儿童面前呈现表现动作、状态的图卡时，儿童能够正确使用偏正词组进行表达。
		5. 介宾词组	**（1）能正确理解介宾词组** ① 介词 + 名词“在桌子上、在奶奶旁边、在镜子前等”。 ② 介词 + 代词“向她看、对他说、对你说等”。	**（1）康复训练准备** ① 自备材料：实物、模型或图卡。 ② 推荐设备：早期语言障碍评估与干预仪（国食药监械〔2011〕231号）、智慧康复课件。 **（2）康复训练方法** 通过感知体验、主题活动、示范模仿等方法，运用大量的实物、模型或图卡等材料，让儿童理解介宾词组的语言形式，并泛化到生活场景中。 **（3）目标达成** 当在儿童面前放置 3～4 张图卡，康复师说出“介词 + 名词 / 代词”的图卡名称时，儿童能够正确找出。

续表

康复训练项目			目标与内容	康复训练建议
词语理解与表达能力训练	常用词组	5. 介宾词组	**（2）能正确表达介宾词组** ① 介词＋名词“在桌子上、在奶奶旁边、在镜子前等”。 ② 介词＋代词“向她看、对他说、对你说等”。	**（1）康复训练准备** ① 自备材料：实物、模型或图卡。 ② 推荐设备：早期语言障碍评估与干预仪（国食药监械〔2011〕231号）、智慧康复课件。 **（2）康复训练方法** 通过主题活动、示范模仿、提示促进等方法，运用大量的实物、模型或图卡等材料，让儿童使用介宾词组的语言形式进行表达。 **（3）目标达成** 当在儿童面前呈现动作或表现动作、状态的图卡时，儿童能够正确使用介宾词组进行表达。
句子理解与表达能力训练	日常用语	1. 指令听从	**（1）能听从基本指令** 儿童能理解日常生活中，家长或康复师发出的最基本的动作程序（一般指一个步骤便可完成的动作指令）。	**（1）康复训练准备** ① 自备材料：图卡。 ② 推荐设备：智慧康复课件。 **（2）康复训练方法** 可采用示范模仿法和判断纠正法进行训练。 **（3）目标达成** 儿童对日常生活中家长或康复师发出的基本指令能够做出正确反应。

续表

康复训练项目			目标与内容	康复训练建议
句子理解与表达能力训练	日常用语	1. 指令听从	**（2）能听从简单指令** 儿童能理解学校中老师维持课堂秩序发出的指令或家长在家中要求完成或终止某项活动的指令（一般指需要两步动作来完成的动作指令）。	**（1）康复训练准备** ① 自备材料：图卡。 ② 推荐设备：智慧康复课件。 **（2）康复训练方法** 可采用示范模仿法和判断纠正法进行训练。 **（3）目标达成** 儿童对日常生活中家长或教师发出的简单指令能够做出正确反应。
		2. 礼貌用语	**能进行简单问候** 儿童能在不同场合、不同时间恰当地使用礼貌用语。	**（1）康复训练准备** ① 自备材料：实物或图卡。 ② 推荐设备：智慧康复课件。 **（2）康复训练方法** 可采用示范模仿法和主题活动法进行训练。 **（3）目标达成** 儿童能在不同场合不同时间恰当地使用礼貌用语。
	陈述句	1. 无修饰句	**（1）能理解无修饰句** 儿童能理解成分单一、句长较短，使用陈述语气，且仅用基本的主谓宾结构来叙述或说明事实的句子。	**（1）康复训练准备** ① 自备材料：实物或图卡。 ② 推荐设备：智慧康复课件。 **（2）康复训练方法** 可采用表演再现法和对比选择法进行训练。 **（3）目标达成** 儿童能够从所给图卡中正确指认或者选出目标图卡。

续表

康复训练项目			目标与内容	康复训练建议
句子理解与表达能力训练	陈述句	1. 无修饰句	（2）能使用无修饰句	**（1）康复训练准备** ① 自备材料：实物或图卡。 ② 推荐设备：智慧康复课件。 **（2）康复训练方法** 可采用句式仿说法和连词成句法进行训练。 **（3）目标达成** ① 在课堂和日常环境中，儿童能够完整复述康复师或家长表述的无修饰句。 ② 在课堂和日常环境中，儿童能够仿说使用同一句法结构的无修饰句。 ③ 在课堂和日常环境中，儿童能够自主表达无修饰句。
	陈述句	2. 含有一个修饰成分的简单修饰句	**（1）能理解含有一个修饰成分的简单修饰句** 儿童能理解结构简单，只有一个定语、状语或者补语作为修饰成分，用陈述语气来叙述或说明事实的句子。	**（1）康复训练准备** ① 自备材料：实物或图卡。 ② 推荐设备：智慧康复课件。 **（2）康复训练方法** 可采用集中训练法和对比选择法进行训练。 **（3）目标达成** 儿童能够从所给图卡中正确指认或者选出目标图卡。
			（2）能使用含有一个修饰成分的简单修饰句	**（1）康复训练准备** ① 自备材料：实物或图卡。 ② 推荐设备：智慧康复课件。 **（2）康复训练方法** 可采用句式仿说法和句子扩展法进行训练。 **（3）目标达成** ① 在课堂和日常环境中，儿童能够完整复述康复师或家长表述的含有一个修饰成分的简单修饰句。 ② 在课堂和日常环境中，儿童能够仿说使用同一句法结构的含有一个修饰成分的简单修饰句。 ③ 在课堂和日常环境中，儿童能够自主表达含有一个修饰成分的简单修饰句。

续表

康复训练项目			目标与内容	康复训练建议
句子理解与表达能力训练	陈述句	3. 含有两个修饰成分的简单修饰句	**（1）能理解含有两个修饰成分的简单修饰句** 儿童能理解结构简单，含有两个修饰成分，用陈述语气来叙述或说明事实的句子。	**（1）康复训练准备** ① 自备材料：实物或图卡。 ② 推荐设备：智慧康复课件。 **（2）康复训练方法** 可采用集中训练法和对比选择法进行训练。 **（3）目标达成** 儿童能够从所给图卡中正确指认或者选出目标图片。
			（2）能使用含有两个修饰成分的简单修饰句	**（1）康复训练准备** ① 自备材料：实物或图卡。 ② 推荐设备：智慧康复课件。 **（2）康复训练方法** 可采用句式仿说法和句子扩展法进行训练。 **（3）目标达成** ① 在课堂和日常环境中，儿童能够完整复述康复师或家长表述的含有两个修饰成分的简单修饰句。 ② 在课堂和日常环境中，儿童能够仿说使用同一句法结构的含有两个修饰成分的简单修饰句。 ③ 在课堂和日常环境中，儿童能够自主表达含有两个修饰成分的简单修饰句。

续表

康复训练项目			目标与内容	康复训练建议
句子理解与表达能力训练	陈述句	4. 非可逆句	**（1）能理解非可逆句** 儿童能理解句法结构不变且句中动词前后的名词或名词结构不能互换，否则不合乎语言表达逻辑和语意的句子，包括把字句、被字句等句式。	**（1）康复训练准备** ① 自备材料：实物或图卡。 ② 推荐设备：智慧康复课件。 **（2）康复训练方法** 可采用主题活动法和集中训练法进行训练。 **（3）目标达成** 儿童能够从所给图卡中正确指认或者选出目标图卡。
			（2）能使用非可逆句	**（1）康复训练准备** ① 自备材料：实物或图卡。 ② 推荐设备：智慧康复课件。 **（2）康复训练方法** 可采用句式仿说法和连词成句法进行训练。 **（3）目标达成** ① 在课堂和日常环境中，儿童能够完整复述康复师或家长表述的非可逆句。 ② 在课堂和日常环境中，儿童能够仿说使用同一句法结构的非可逆句。 ③ 在课堂和日常环境中，儿童能够自主表达非可逆句。
		5. 可逆句	**（1）能理解可逆句** 儿童能理解语法结构不变且句中动词前后的名词或名词结构互换后仍合乎语言表达逻辑但语意发生变化的句子，包括把字句、被字句等句式。	**（1）康复训练准备** ① 自备材料：实物或图卡。 ② 推荐设备：智慧康复课件。 **（2）康复训练方法** 可采用主题活动法和集中训练法进行训练。 **（3）目标达成** 儿童能够从所给图卡中正确指认或者选出目标图卡。

续表

康复训练项目			目标与内容	康复训练建议
句子理解与表达能力训练	陈述句	5. 可逆句	（2）**能使用可逆句**	（1）**康复训练准备** ① 自备材料：实物或图卡。 ② 推荐设备：智慧康复课件。 （2）**康复训练方法** 可采用句子变换法和连词成句法进行训练。 （3）**目标达成** ① 在课堂和日常环境中，儿童能够完整复述康复师或家长表述的可逆句。 ② 在课堂和日常环境中，儿童能够仿说使用同一句法结构的可逆句。 ③ 在课堂和日常环境中，儿童能够自主表达可逆句。
		6. 比较句	（1）**能理解比较句** 儿童能理解谓语中含有比较词或比较格式的句子。	（1）**康复训练准备** ① 自备材料：实物或图卡。 ② 推荐设备：智慧康复课件。 （2）**康复训练方法** 可采用提示促进法和判断纠正法进行训练。 （3）**目标达成** 儿童能够从所给图卡中正确指认或者选出目标图卡，或者能根据实际情况正确回答问题。

续表

康复训练项目			目标与内容	康复训练建议
句子理解与表达能力训练	陈述句	6. 比较句	（2）能使用比较句	**（1）康复训练准备** ① 自备材料：实物或图卡。 ② 推荐设备：智慧康复课件。 **（2）康复训练方法** 可采用句式仿说法和连词成句法进行训练。 **（3）目标达成** ① 在课堂和日常环境中，儿童能够完整复述康复师或家长表述的比较句。 ② 在课堂和日常环境中，儿童能够仿说使用同一句法结构的比较句。 ③ 在课堂和日常环境中，儿童能够自主表达比较句。
		7. 比喻句	**（1）能理解比喻句** 儿童能理解把一个事物比喻成另一个事物，包含本体、喻体和喻词的句子。	**（1）康复训练准备** ① 自备材料：实物或图卡。 ② 推荐设备：智慧康复课件。 **（2）康复训练方法** 可采用提示促进法和判断纠正法进行训练。 **（3）目标达成** 儿童能够从所给图卡中正确指认或者选出目标图片。
			（2）能使用比喻句	**（1）康复训练准备** ① 自备材料：实物或图卡。 ② 推荐设备：智慧康复课件。 **（3）康复训练方法** 可采用句式仿说法和连词成句法进行训练。 **（3）目标达成** ① 在课堂和日常环境中，儿童能够完整复述康复师或家长表述的比喻句。 ② 在课堂和日常环境中，儿童能够仿说使用同一句法结构的比喻句。 ③ 在课堂和日常环境中，儿童能够自主表达比喻句。

续表

康复训练项目			目标与内容	康复训练建议
句子理解与表达能力训练	陈述句	8. 复句	**（1）能理解联合复句** 儿童能理解由两个或两个以上意义相关、结构上互不做句子成分的分句组成且分句间关系平等、无主从之分的句子。包括并列复句、顺承复句、解说复句、选择复句、递进复句等。	**（1）康复训练准备** ① 自备材料：实物或图卡。 ② 推荐设备：智慧康复课件。 **（2）康复训练方法** 可采用集中训练法和提示促进法进行训练。 **（3）目标达成** 儿童能够从所给图卡中正确指认或者选出目标图卡。
			（2）能使用联合复句	**（1）康复训练准备** ① 自备材料：实物或图卡。 ② 推荐设备：智慧康复课件。 **（2）康复训练方法** 可采用句式仿说法和连词成句法进行训练。 **（3）目标达成** ① 在课堂和日常环境中，儿童能够完整复述康复师或家长表述的联合复句。 ② 在课堂和日常环境中，儿童能够仿说使用同一句法结构的联合复句。 ③ 在课堂和日常环境中，儿童能够自主表达联合复句。
			（3）能理解偏正复句 儿童能理解由两个或两个以上意义相关、结构上互不做句子成分的分句组成且分句间关系不平等、有主从之分的句子。包括因果复句、转折复句、假设复句、条件复句、目的复句等。	**（1）康复训练准备** ① 自备材料：实物或图卡。 ② 推荐设备：智慧康复课件。 **（2）康复训练方法** 可采用集中训练法和提示促进法进行训练。 **（3）目标达成** 儿童能够从所给图卡中正确指认或者选出目标图卡。

续表

康复训练项目			目标与内容	康复训练建议
句子理解与表达能力训练	陈述句	8. 复句	（4）**能使用偏正复句**	（1）**康复训练准备** ① 自备材料：实物或图卡。 ② 推荐设备：智慧康复课件。 （2）**康复训练方法** 可采用句式仿说法和连词成句法进行训练。 （3）**目标达成** ① 在课堂和日常环境中，儿童能够完整复述康复师或家长表述的偏正复句。 ② 在课堂和日常环境中，儿童能够仿说使用同一句法结构的偏正复句。 ③ 在课堂和日常环境中，儿童能够自主表达偏正复句。
	疑问句	1. 是非疑问句	（1）**能理解是非疑问句** 当发问的人说明一种情况或提出一种看法时，儿童能根据实际情况做出肯定或否定的回答（回答形式可以是口语或动作等）。	（1）**康复训练准备** ① 自备材料：实物或图卡。 ② 推荐设备：智慧康复课件。 （2）**康复训练方法** 可采用判断纠正法和提示促进法进行训练。 （3）**目标达成** 当康复师或家长用是非疑问句提问时，儿童能根据实际情况做出正确回应，回应的形式可以是口语或动作等。
			（2）**能使用是非疑问句**	（1）**康复训练准备** ① 自备材料：实物或图卡。 ② 推荐设备：智慧康复课件。 （2）**康复训练方法** 可采用句子判断法进行训练。 （3）**目标达成** 在日常实际情境中，儿童能够主动根据情境说明一种实际情况或提出一种看法，要求对方做出肯定或否定的回答。

续表

康复训练项目			目标与内容	康复训练建议
句子理解与表达能力训练	疑问句	2. 选择疑问句	**（1）能理解选择疑问句** 当发问的人用几个分句提出选项时，儿童能根据具体情况选择其一进行回答。	**（1）康复训练准备** ① 自备材料：实物或图卡。 ② 推荐设备：智慧康复课件。 **（2）康复训练方法** 可采用判断纠正法和提示促进法进行训练。 **（3）目标达成** 当康复师或家长用选择疑问句提问时，儿童能根据实际情况做出正确回应。
			（2）能使用选择疑问句	**（1）康复训练准备** ① 自备材料：实物或图卡。 ② 推荐设备：智慧康复课件。 **（2）康复训练方法** 可采用句式仿说法和句子判断法进行训练。 **（3）目标达成** 儿童能根据日常情境用几个分句进行主动提问，让对方选择回答。
		3. 正反疑问句	**（1）能理解正反疑问句** 当发问的人要求儿童在肯定和否定之间做出一个选择时，儿童能够根据实际情况做出回应。（与是非疑问句相比，正反疑问句询问功能更强，多用来表达问话人急切想要得到答案的迫切心情）	**（1）康复训练准备** ① 自备材料：实物或图卡。 ② 推荐设备：智慧康复课件。 **（2）康复训练方法** 可采用判断纠正法和提示促进法进行训练。 **（3）目标达成** 当康复师或家长用正反疑问句提问时，儿童能根据实际情况做出正确回应，回应形式可以是口语或动作等。

续表

康复训练项目			目标与内容	康复训练建议
句子理解与表达能力训练	疑问句	3. 正反疑问句	（2）**能使用正反疑问句**	（1）**康复训练准备** ① 自备材料：实物或图卡。 ② 推荐设备：智慧康复课件。 （2）**康复训练方法** 可采用句式仿说法和句子判断法进行训练。 （3）**目标达成** 儿童特别想做某事或不想做某事时能用正反疑问句来征求他人的意见。
		4. 特指疑问句	（1）**能理解特指疑问句** 发问的人用“谁”“什么”“怎么样”“为什么”“哪里”等疑问代词提出疑问，儿童能够做出正确回应。	（1）**康复训练准备** ① 自备材料：实物或图卡。 ② 推荐设备：智慧康复课件。 （2）**康复训练方法** 可采用主题活动法和提示促进法进行训练。 （3）**目标达成** 当康复师或家长用“谁”“什么”“怎么样”“为什么”“哪里”等疑问代词提出疑问时，儿童能根据实际情况做出正确回应，回应形式可以是口语或动作等。
			（2）**能使用特指疑问句**	（1）**康复训练准备** ① 自备材料：实物或图卡。 ② 推荐设备：智慧康复课件。 （2）**康复训练方法** 可采用句式仿说法和句子判断法进行训练。 （3）**目标达成** 儿童能用“谁”“什么”“怎么样”“为什么”“哪里”等疑问代词提出疑问，要求对方做出回应。

续表

康复训练项目		目标与内容	康复训练建议
句子理解与表达能力训练	1. 感叹句	**（1）能理解感叹句** 儿童能理解用来表达人物心情等具有强烈情感的句子。	**（1）康复训练准备** ① 自备材料：实物或图卡。 ② 推荐设备：智慧康复课件。 **（2）康复训练方法** 可采用示范模仿法和表演再现法进行训练。 **（3）目标达成** 儿童在故事理解和看图讲述中能理解感叹句。
		（2）能使用感叹句	**（1）康复训练准备** 自备材料：实物或图卡。 推荐设备：智慧康复课件。 **（2）康复训练方法** 可采用句式仿说法进行训练。 **（3）目标达成** 儿童在故事理解和看图讲述中能使用感叹句。
	2. 祈使句	**（1）能理解祈使句** 儿童能理解表达命令、请求、禁止或劝阻等带有祈使语气的句子。	**（1）康复训练准备** ① 自备材料：实物或图卡。 ② 推荐设备：智慧康复课件。 **（2）康复训练方法** 可采用示范模仿法和表演再现法进行训练。 **（3）目标达成** 儿童在故事理解和看图讲述中能理解祈使句。

续表

康复训练项目			目标与内容	康复训练建议
句子理解与表达能力训练	2. 祈使句		（2）**能使用祈使句**	（1）**康复训练准备** ① 自备材料：实物或图卡。 ② 推荐设备：智慧康复课件。 （2）**康复训练方法** 可采用句式仿说法进行训练。 （3）**目标达成** 儿童在故事理解和看图讲述中能使用祈使句。
综合运用能力训练	讲述	1. 讲述能力训练与理解	（1）**关键信息** 儿童能理解故事的时间、地点、人物等关键信息。 （2）**结构掌握** 儿童能理解故事中核心事件的开端、发展和结尾的结构脉络。 （3）**情感体验** 儿童能理解故事中人物的喜怒哀乐。 （4）**情节预测** 儿童能根据现有的故事情节对后续故事的发展做出合理的预测。 （5）**主旨理解** 儿童能理解故事的核心主旨。	（1）**康复训练准备** ① 内容选择原则：故事篇幅由短到长，内容由熟悉到陌生；可将人物、情感、结尾和主旨作为训练的切入点。 ② 自备材料：自编故事素材、配套图卡或绘本。 ③ 推荐设备：早期语言障碍评估与干预仪（国食药监械〔2011〕231号）中的“学短文”、社交故事（《你会使用礼貌用语吗？》等）等。 （2）**康复训练方法** 可采用故事表演法、故事讲述法和故事创编法进行训练。 （3）**目标达成** ① 对时间、地点、人物、情感、情节预测和主旨理解等进行提问，儿童能根据问题做出正确的回答。 ② 儿童能按照故事的开端、发展和结尾的顺序复述故事的主要内容。

续表

康复训练项目			目标与内容	康复训练建议
综合运用能力训练	讲述	2. 讲述能力训练与表达	**（1）叙事性讲述** 儿童能把故事中人物的经历、行为或故事的开端、发展和结尾讲述出来，说明时间、地点、人物、事件等基本要素，并且说明事情开端、发展和结尾的先后顺序。	**（1）康复训练准备** ① 内容选择原则：故事篇幅由短到长，内容由个人故事到想象故事。 ② 自备材料：自编故事素材、配套图卡、绘本或视频。 ③ 推荐设备：早期语言障碍评估与干预仪（国食药监械〔2011〕231号）中的“学短文”、社交故事（《你会使用礼貌用语吗？》等）等。 **（2）康复训练方法** 可采用故事讲述法、提示促进法、故事表演法、聆听补全法等进行训练。 **（3）目标达成** 向儿童呈现图卡、绘本或视频，儿童能够说出时间、地点、人物、事件等基本要素，能够讲述一个较长的、完整的、合乎逻辑的故事。
			（2）描述性讲述 儿童能把故事中人物的动作、状态和事物的性质、特征具体描述出来。	**（1）康复训练准备** 自备材料：实物、图卡或视频。 **（2）康复训练方法** 可采用实物展示法、提示促进法等进行训练。 **（3）目标达成** 向儿童呈现实物、图卡或视频，儿童能够使用生动、形象、具体的词语，抓住人物或事物的主要特征进行描述。

续表

康复训练项目			目标与内容	康复训练建议
综合运用能力训练	讲述	2. 讲述能力训练与表达	**（3）说明性讲述** 儿童能从事物的特征、功能、类型、用途等方面进行说明。	**（1）康复训练准备** ① 内容选择原则：从实物过渡到图卡、视频等。 ② 自备材料：实物、图卡或视频。 **（2）康复训练方法** 可采用实物展示法、提示促进法等进行训练。 **（3）目标达成** 向儿童呈现实物、图卡或视频，儿童能够从事物的特征、功能、类型等角度进行说明。
			（4）议论性讲述 儿童能发表自己的观点，表达自己的感受。	**（1）康复训练准备** 自备材料：图卡、绘本或视频。 **（2）康复训练方法** 可采用口头交谈法、提示促进法等进行训练。 **（3）目标达成** 给儿童一个话题，儿童可以结合自己的生活经验及个人喜好来发表观点、表达感受。
	谈话	谈话能力训练	**（1）谈话意图** 儿童常见的谈话意图包括要某种物品、回应他人、回答提问、表示拒绝等。	**（1）康复训练准备** 自备材料：儿童感兴趣的图卡或故事。 **（2）康复训练方法** 可采用场景创设法等进行训练。 **（3）目标达成** 儿童可以结合自己的生活经验及个人喜好来判断对方的要求以及自己想不想要回应对方的要求等。

续表

康复训练项目			目标与内容	康复训练建议
综合运用能力训练	谈话	谈话能力训练	**（2）谈话技能** 谈话技能主要包括话语转换能力、谈话发起和维持能力、谈话修补能力。	**（1）康复训练准备** 自备材料：儿童感兴趣的话题。 **（2）康复训练方法** 可采用口头交谈法、场景变换法等进行训练。 **（3）目标达成** 儿童能够发起一个谈话或维持谈话，当对方停止说话时，儿童能主动修补谈话。
			（3）谈话预设 谈话预设是指儿童能够判断对方已经知道的信息、正在思考的问题以及想要知道的信息。	**（1）康复训练准备** 自备材料：儿童感兴趣的话题。 **（2）康复训练方法** 可采用换位思考法等进行训练。 **（3）目标达成** 儿童能够了解对方关于某话题已经知道的信息和想要知道的信息。

五、课程实施建议

（一）康复训练建议

1. 在评估的基础上制定训练目标

语言障碍儿童的个体差异较大，起点和发展速度不尽相同，没有适合每一个儿童语言康复训练的通用方案，因此语言康复训练要在精准评估的基础上个别对待。语言康复的每一项训练目标要明确、清晰，每次教学不宜制定过多的目标。康复师需根据训练目标细化学习内容，针对儿童的实际发展程度，合理安排相应的学习顺序。

2. 训练内容符合儿童语言习得规律

语言康复训练内容选择遵循由近到远（距离儿童生活）、由简单到复杂的过程。尤其在训练初期，要使训练内容尽量容易、熟悉、形象，要与儿童的生活经验紧密联系起来。

3. 训练形式要充分调动儿童的主动性

语言康复训练过程常见的组织形式有三种：集体康复训练、小组康复训练和个别化康复训练。康复师在选择语言训练形式时，要考虑儿童间的差异性，在充分了解儿童兴趣爱好的基础上，根据儿童的数量、儿童间的差异性、教育训练的内容和软硬件资源状况等，安排形式多样、具有吸引力的训练活动，以调动儿童的主动性，引导其积极参与，和康复师形成良好的互动。

（二）评价建议

1. 评价目的和意义

评价是康复训练课程实施中的重要一环。语言评估和干预是一个循环反复的过程，需要进行多次的阶段性评估，以监控语言干预的效果。将语言功能的综合评估、及时反馈和过程监控三大功能融为一体，对于实现语言干预的一体化以及加强语言干预的效果具有重要的理论价值与实践意义。

2. 评价方法

儿童能力的前期评估、过程性评价和阶段性评价构成一个完整的评价体系。

前期评估是从儿童语言障碍的实际情况出发，结合心理测量和现状描述的方法，运用最能反映各功能的参数及参考标准，系统地搜集语言障碍儿童各功能模块的信息、资料，通过全面分析，做出诊断评估，确定儿童的障碍类型和程度，并找到与之相对应的训练方法，制订完善的治疗方案。开展前期评估的目的在于了解儿童在训练方面的学习需要，明确儿童已达到的学习基线，制订相应的学习计划。

过程性评价是指在每次训练开始前和结束后，康复师都要对儿童进行评估，评估儿童是否掌握本堂课的训练内容，掌握情况如何。该评价有助于康复师了解儿童的学习过程，及时调整和修改教学计划。

阶段性评价是指在每阶段前后都要对儿童进行评估，评估本阶段儿童语言康复的效果和与本阶段前相比所取得的阶段性收获。该评价能够为康复师提供教学反馈，检验教学效果，为下一阶段教学目标的制定提供依据。

（三）保障课程实施支撑条件的建议

1. 人员配备

医院、康复中心和特殊教育学校应配备受过专业训练的语言康复师（初级以上），来完成语言康复训练教学任务，也可以聘请相关专业人士，指导康复师开展教学工作。此外，为保证对儿童语言康复能力进行科学评估并进行有效教学，每个医院、康复中心和特殊教育学校应至少配备 1 ~ 2 名具有评估资质的评估师（中级以上）。

2. 康复课程资源的开发利用

医院、康复中心和特殊教育学校要积极开发并合理利用各种课程资源，充分发挥机构和学校实践基地的作用，广泛利用各种互联网资源（如康复云平台），积极开发并使用语言康复课程资源，丰富课程内容，促进儿童对课程内容的理解，优化儿童的康复效果。

3. 教学管理

医院、康复中心和特殊教育学校要对每个儿童做好资料保存、档案归档工作，资料和档案包括儿童基本信息、前期评估结果、语言康复训练课堂记录、过程性评价、阶段性评价等重要信息。要规范儿童档案的创建和使用；可和电子档案相结合，方便查找和提取。

附录 1　教学方法

（一）前语言沟通教学方法

视听唤醒法：康复师通过视觉、听觉通道，采取视听结合的方式，吸引儿童的注意，调动儿童的情绪。如播放视频。

制造障碍法：康复师减少或停止口头提示，当儿童正在玩玩具时，康复师故意制造障碍。如儿童推玩具车时，康复师温和地阻挡儿童的玩具车。

故意犯错法：康复师减少或停止口头提示，故意犯错，使儿童发现。如当儿童想要香蕉时，康复师故意给儿童不喜欢吃的梨。

增添新异刺激法：康复师减少或停止口头提示，并尽量减少儿童周围可引起其注意的事物，然后在儿童周围放置新异的刺激物吸引其注意，每当儿童望向康复师或留意康复师的动作，康复师即给予其强化奖励。

示范模仿法：康复师向儿童呈现目标语言形式，要求儿童聆听并在聆听的过程中找到康复师呈现的所有刺激之间蕴含的相同的语言方法，且能够使用这种语言方法。

提示教学法：在滚球的游戏中，康复师将球滚给儿童后，立刻握住儿童的双手同时用语言提示“到你了”，让儿童将球再滚回来。在儿童能表现出轮流行为后，康复师还要让儿童能够等待别人。比如在“打地鼠”游戏中，儿童打过“地鼠”后，康复师给出手势提示和语言提示表示“到我了”，让儿童将锤子给康复师并等待康复师打“地鼠”。

时间延宕法：在轮流活动中，康复师发起轮流行为后给儿童 5 ~ 10 秒钟的时间，让儿童自发回应康复师的行为。比如在推汽车游戏中，康复师将汽车推给儿童后，给予儿童几秒钟时间，并积极地看着儿童，待儿童将汽车推给康复师后，康复师立即给予强化奖励。

积极等待法：康复师创设游戏情境，积极等待并观察儿童发出的任何发起轮流沟通行为的线索，逐步培养儿童发起轮流行为。如在推汽车游戏中，康复师将汽车放在儿童够得到的地方，然后积极等待儿童将汽车推给康复师的任何线索，当儿童轻轻地碰了一下汽车，康复师则立刻给予强化。

动态找寻法：康复师把物品放在身体的不同部位，引导儿童最终能与康复师有目光接触。

手势指向追踪法：康复师跟踪儿童手势，即康复师把强化物放在头上，然后假装遗失了，问儿童“在哪儿啊?”不管儿童指向哪里，康复师都要看过去，并用夸张的反应吸引儿童投入到游戏中来；儿童跟踪康复师手势，即康复师在儿童面前，用手指慢慢指向一个物品，并说“你看，那是××”。

（二）词语理解与表达教学方法

感知体验法：儿童参与知识的建构，亲历过程并在过程中体验知识和情感。

主题活动法：在教学活动中，以一个主题为线索，让儿童围绕这个主题进行交流，从而促进儿童对词语的理解与表达。

示范模仿法：康复师向儿童呈现目标语言形式，要求儿童聆听并在聆听的过程中找到康复师呈现的所有刺激之间蕴含的相同的语言方法，且能够使用这种语言方法。

角色扮演法：通过角色扮演的游戏（至少三个人参与），康复师对儿童发出“指一指他”的指令，观察儿童能否正确指认第三个人。

集中练习法：有意识地让儿童多次使用同一个语言因素（如词语）或训练儿童某方面的语言技巧。

语义联想法：根据某个词语的含义，通过联想，将其他词语和该词语之间的意义联系起来，即通过已经习得的词激活有语义联系的词语链，促进儿童对词语的理解与表达。

分类训练法：将具有相同或相似属性的事物归并在一起，以促进儿童对词语的理解与表达。在分类过程中，要求儿童对拟分类的事物进行比较和概括。

语音联想法：根据词语的读音，通过联想，将词语的读音与词义巧妙地联系起来，使我们听其音而知其义，从而促进儿童对词语的理解与表达。

提示促进法：当儿童在训练过程中出现错误或无反应时，康复师通过各种提示来促进儿童对词语的理解与表达。

（三）句子理解与表达教学方法

示范模仿法：康复师向儿童呈现目标语言形式，要求儿童聆听并在聆听的过程中找到康复师呈现的所有刺激之间蕴含的相同的语言方法，且能够使用这种语言方法。

集中训练法：康复师有意识地让儿童多次使用同一个语言因素（如句式）或训练儿童某方面的语言技巧。

主题活动法：在教学活动中，以一个主题为线索，让儿童围绕这个主题进行交流，从而促进儿童对句子的理解与表达。

判断纠正法：康复师故意犯错，让儿童主动纠正、回应，以此来促进儿童对句子的理解与表达。① 故意对儿童说出错误的话语，以激发儿童否定与更正。② 假装没有理解儿童的话语，以激发儿童说出更多话语。③ 省略或故意做错某个例行活动中必要的步骤，以鼓励儿童表达看法。

提示促进法：当儿童在训练过程中出现错误或无反应时，康复师通过各种提示来促进儿童对句子的理解与表达。

对比选择法：康复师先出示一组有明显差异的图卡，根据图卡说出例句，然后让儿童对比图卡的差异，说出目标句。如康复师说出例句：“花瓶里有花。”儿童说出目标句：“花瓶里没有花。”

表演再现法：康复师出示图卡，给出一个固定句式，如“××

抛球”，然后引导、组织儿童对句式进行模仿表演和再现，如“妹妹抛球”，最后通过实景模拟，激发儿童的学习兴趣，加深其对句子句式的理解。

句式仿说法：康复师出示图卡，给出一个固定句式，如“××吃××”，然后让儿童使用当前习得的句式，替换词语，表达图卡上、现实活动中呈现的内容，如“妈妈吃苹果”“爸爸吃香蕉”。

连词成句法：康复师借助图卡和字卡，向儿童展示句子中的关键信息，如“苹果”“哥哥”“吃”，然后让儿童将图卡或字卡连成一个完整的句子，如“哥哥吃苹果”，同时通过视觉刺激，加强儿童对句式的学习与掌握。

句子判断法：康复师用具有选择性质的句子询问儿童，如“姐姐吃的是饼干吗?”然后根据儿童的选择呈现相应动作，或出示图卡、物品，让儿童给出对应答句。

句子扩展法：康复师出示图卡或生活场景中具体可见的物品，用无修饰句进行表述，如“桌上有杯子”，然后让儿童在这个句子基础上，增加内容，将句子表述完整。

（四）综合运用教学方法

故事讲述法：为使儿童更好地掌握故事中的信息，康复师运用各种技巧来讲述故事。在讲述过程中，康复师将故事内容分成几个前后衔接的部分进行连贯有序的讲述。

故事表演法：通过表演的方式将故事中的人物、语言、事件等内容呈现出来。如为了让儿童更好地体验真实情境中的语言使用，康复师和儿童分别模拟超市里的收银员和购物者进行表演。

提示促进法：儿童在回答和故事等相关的问题或口头讲述故事的过程中，若出现信息模糊或错误，康复师及时给予提示。

口头交谈法：康复师和儿童围绕某一有趣的话题进行交谈，引导儿童发表自己的意见和观点。交谈的话题应与儿童的日常生活相关。

示范模仿法：康复师向儿童呈现目标语言形式，要求儿童聆听并在聆听的过程中找到康复师呈现的所有刺激之间蕴含的相同的语言方法，且能够使用这种语言方法。

故事创编法：儿童根据图卡内容等，结合自己的经验和想象进行故事讲述。儿童立足已有的讲述方式，结合自己的生活经验与想象能力，进行有新意的独立讲述。

聆听补全法：对所学故事进行选择性补充的训练方法，适用于讲述儿童已经熟悉的故事，康复师在讲述过程中故意遗漏一部分关键信息，引导儿童进行补全，之后要求儿童完整转述故事。

实物展示法：康复师通过展示与所要讲述内容相关的实物，吸引儿童注意，设置悬念，为讲述活动的开展做铺垫。通过实物展示引起儿童的好奇心，激发儿童参与讲述活动的兴趣，从而开始讲述能力训练。

场景创设法：通过创设与谈话话题相关的、对儿童具有吸引力的场景，康复师引导儿童关注和体验话题内容，调动儿童的相关经验，激发儿童的谈话意图。当儿童有了谈话意图之后，便可自然地训练其发起谈话的技能。

场景变换法：康复师通过创设、选择不同的场景，引导儿童在不同的场合、面对不同的对象进行谈话。除了进行一对一的谈话练习，还可以进行多人谈话练习，如让儿童面对集体谈话，以便进一步丰富儿童对于某个话题的谈话经验，提高其参与谈话的积极性。

换位思考法：通过创设儿童预想不到的情境，帮助儿童理解不同谈话对象需要采用不同的谈话预设，提高儿童维持谈话的能力。如儿童已经知道饼干盒子是放饼干的，康复师可以带领儿童将积木代替饼干放入饼干盒中，再邀请其同伴或其他康复师猜一猜饼干盒中有什么，由此发起一段谈话。如康复师示范说：“请大家猜一猜：盒子里有什么？”让儿童模仿提问从而发起谈话，并在儿童谈话的过程中给予提示。当儿童发现他人不知道答案而自己知道答案时，便能体会到自己的预设是否正确，从而了解他人的不同想法。

附录 2　教案举例

我喜欢吃的早餐

——“包子”“面包”的词语理解与表达能力训练

学　　科：语言
设 计 人：梁 ××
主 讲 人：梁 ××
教学对象：一年级患有唐氏综合征的儿童
课　　型：个别化训练课
课　　时：第 1 课时（共 2 课时）

一、教材分析

本节课选自自编教材《我喜欢吃的早餐》，学习的内容主要包括“包子”“面包”两个词语，分为 2 课时进行教学。本课时为第 1 课时，通过“吃早餐”这一日常情境设计，引导儿童在情境中理解与表达“包子”这个词语，让儿童在日常生活中能够用点物的方式来表达自己的需求，增强儿童与人沟通的意识；第 2 课时教学内容为“面包”，要求儿童能够理解与表达“面包”这个词语。

二、学情分析

刘 ××，男，10 岁，具体情况如下。

障碍类型及程度：唐氏综合征；重度。

语言能力现状：语言水平处于第 2 级，不能理解“包子”“面包”这两个词语。

相关能力现状：口语中出现极少可听清楚的音，有基本的感知觉，有情绪行为问题。

三、教育康复目标

知识与技能：儿童能够正确理解词语“包子”，并能在康复师的提示下表达词语“包子”。

过程与方法：在康复师设计的游戏情境中，儿童能够听懂指令，通过点物的方式，正确指认词语。

情感态度与价值观：儿童能够主动与他人沟通交流，其基本的沟通技能获得提升。

四、教育康复重点和难点

重点：儿童能够正确理解词语“包子”，并能在康复师的提示下表达词语“包子”。

难点：儿童能够通过点物的方式，正确指认词语“包子”。

五、教育康复准备

环境准备：个训教室，噪声≤ 45dB。

教具准备：图卡、课件、实物。

云平台资源：L2（主题教育系统）“启蒙篇”中的“我们的食物”。

六、教学过程

（一）情景导入

地点：沈大成早餐店门口。

师：（康复师带领儿童来到沈大成早餐店门口）刘××，今天老师带你去沈大成吃早餐，我们一起去看看沈大成早餐店里有什么好吃的早点。

> 以去上海老字号“沈大成早餐店”吃早餐作为情景导入，更加贴近生活，激发儿童的动机，引起儿童的兴趣。

（二）前测

师：（点开课件，出示沈大成的早餐菜单）刘 ××，老师要吃包子，你来找一找，好吗？

（三）教学过程

1. 体验

① 播放做包子的视频，让儿童整体感知包子的制作过程，对包子有总体的认识。

② 出示实物包子，从包子的特征入手，让儿童看一看、闻一闻、尝一尝，通过实物加深儿童对包子的理解。

③ 在课件上呈现各种不同的包子，通过视觉观察加深儿童对包子的印象。

> 借用视觉、听觉、嗅觉、味觉等各种感觉通道，充分展现事物的特征、属性。同时，可借助儿童的自身经验，拍摄儿童吃包子的照片、录像，让儿童对包子有更加直观清晰的了解。
>
> 多元化呈现事物，如从包子的数量（一只、多只等）、包子的各种形状（刺猬包、熊猫包、小猪包）、包子的颜色（红的、绿的、黄的、橙的）等角度进行呈现设计，加深儿童对包子的印象。

2. 理解

（1）辨认

① 视知觉匹配。课件上呈现实物包子的形象，给出“包子”

和“烧麦”的图卡，康复师先让儿童看课件，然后给出指令“找这个东西”，要求儿童根据指令辨认出“包子”的图卡。调换干扰项，视知觉匹配准备 5 道题。

② 听知觉匹配。课件上播放“包子”的读音，给出两个备选项“包子”和“烧麦”的读音，康复师先让儿童聆听“包子”的读音，然后给出指令“找这个声音”，要求儿童根据指令辨认出“包子”的读音。调换干扰项，听知觉匹配准备 5 道题。

在视知觉匹配中，干扰项不宜过多，“包子”的图片可从实物逐渐过渡到卡通形象，为后续的意会阶段打基础。

在教学过程中，若儿童出现错误，教师可使用错误纠正程序。

（2）意会

① 图卡指认。康复师摆放“包子”“面包”“生煎”“烧麦”的实物图卡，给出指令“找一找包子”，要求儿童指认；指认正确后，康复师调换图卡顺序，继续上述步骤，进行 2 ~ 3 轮。康复师摆放“包子”“面包”“生煎”“烧麦”的卡通图卡，给出指令“找一找包子”，要求儿童指认；指认正确后，康复师调换图卡顺序，继续上述步骤，进行 2 ~ 3 轮。图卡指认共准备 5 道题。

② 声音指认。康复师播放“包子”“面包”“生煎”“烧麦”的读音，给出指令“找一找包子”，要求儿童指认；指认正确后调换读音顺序，继续上述步骤。声音指认共准备 5 道题。

图卡指认的备选项为 4 个，若儿童无法完成 4 张图卡的指认，则减少 1 张图卡，降低难度。

图卡的选择可由实物过渡到卡通形象，加深儿童对“包子”的理解。

（3）表达

① 康复师出示“包子”图卡，询问儿童：“这是什么呀？这是包子。”要求儿童跟随康复师复述。

② 进行2个题项练习后，康复师采用时间延宕法，停顿5秒后，看儿童能否主动说出“包子”。

4. 运用

康复师出示不同的“包子”的图卡，询问儿童“这是什么呀？”要求儿童能够主动说出“包子”。若儿童无法主动表达，则采用口语提示法，要求儿童复述。

（四）后测

师：刘××，刚刚我们学习了好久，现在我们一起来找一找包子。（康复师出示“包子”的图卡，问：“这是什么呀？”）

七、教学延伸

在言语个别化训练课中，巩固含b（且b在前）的双音节词语（如“饼干”“棒冰”）的构音训练。

在情绪个别化训练课中，注意儿童的情绪行为问题，并纠正儿童在课堂上的不良行为。

八、家庭教育康复指引

家庭康复训练中，爸爸、妈妈、爷爷、奶奶可以带儿童去早餐店吃早餐，增强词语“包子”的语音输入；在点餐的时候，要求儿童用点物的方式告诉家长自己喜爱的食物，形成良好的沟通。

九、教学反思

本课时结束后，儿童能正确指认“包子”，则基本实现目标。

此外，如果儿童在课堂上出现情绪行为问题，则要分析儿童出现情绪行为问题的前因，采取更好的策略消退儿童的问题行为。

十、课堂效果监控

教育康复内容	前测	后测
词语“包子”	□ 理解　□ 表达	□ 理解　□ 表达